AF554766

DEUXIÈME LETTRE POLITIQUE

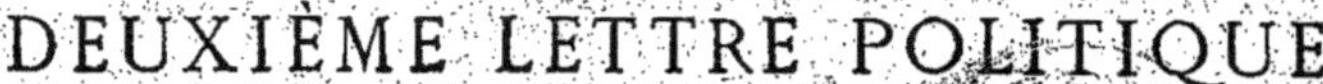

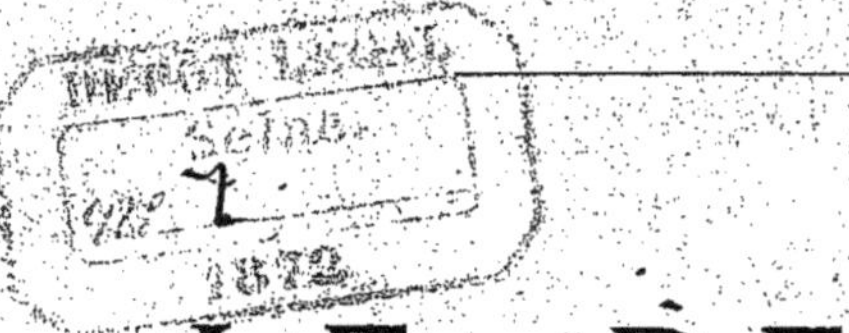

LE PEUPLE

LE PLUS

SPIRITUEL DU MONDE

PAR

ALBERT PERRIN

PARIS
E. DENTU, LIBRAIRE-ÉDITEUR
PALAIS-ROYAL, 17 ET 19 (GALERIE D'ORLÉANS)

1872

> Laissons là les théories pour ce qu'elles valent. En histoire comme en physique, ne prononçons que d'après les faits.
>
> CHATEAUBRIAND.

— Êtes-vous fier d'être Français ?

— Je le fus autrefois.

— Je le fus également.

Mais aujourd'hui, hélas! le moyen d'avoir de l'orgueil, en présence de notre profonde décadence, de notre vertigineuse marche en arrière, et de la prodigieuse élévation, de l'écrasante supériorité des Anglais, des Allemands, des Belges, des Hollandais, des Italiens, etc., etc., tous attachés à leurs traditions, tous fidèles à leurs Princes, tous grandissant, prospérant, devenant forts, libres, puissants, par la Monarchie, pendant que nous périssons par la Révolution, remorqués par les immortels principes, et piteusement attelés au char nullement triomphal des Robespierre, des Ledru-Rollin, des Blanqui, des Mottu et Cie.

Dira-t-on que nous sommes plus libres que les Anglais, plus instruits que les Allemands, moins chargés d'impôts que les Belges ?

Personne ne l'oserait.

Il conviendrait donc de se rendre à l'évidence, de reconnaître enfin que le calme, la discussion, la sollicitude des rois eclairés, valent infiniment mieux que les barricades, les égorgements, les incendies, la tendresse des foux furieux politiques, pour assurer la grandeur, la puissance, la liberté, la richesse des nations.

Il est d'ailleurs bien certain que tout ce que nous avons voulu conquérir par la violence, nos heureux voisins l'ont obtenu par l'examen, le travail des esprits, la sagesse de leurs chefs, autrement préoccupés des besoins du peuple, et singulièrement plus aptes à satisfaire ses besoins, que la cohue des avocats sans cause, des médecins sans malades, des écrivains maniaques, marchant à l'assaut des préfectures, appuyés sur la grande cohue des déclassés, des rôdeurs de barrières, des piliers de cabarets, des ouvriers fanatiques *du farniente*, des repris de justice, sans le concours desquels, personne ne l'ignore, nous ne connaîtrions la République que de nom; la misère, les défaites, le papier-monnaie, que de réputation. Tous ces gens-là, on ne saurait guère le nier, servent les véritables intérêts populaires comme un docteur ivre servirait les intérêts d'un malade en lui administrant des débilitants alors que sa position réclamerait des toniques.

Avides de libertés, de perfectionnements, de progrès, de gloire, nous les demandons, avec une constance que rien ne lasse, depuis quatre-vingts ans, à la révolution, à la guerre civile.

Eh bien! où sont nos libertés, nos progrès, notre gloire? Ne vivons-nous pas sous le sabre, seul frein respecté, seul moyen employé aussi par les plus ardents apôtres de la liberté à outrance?

Nos voisins en sont-ils là?

Comparerons-nous enfin notre ignorance proverbiale à l'instruction si avancée des Anglais et des Allemands?

Les télégraphes, les postes, les finances, la justice ne

sont-ils pas organisés chez eux avec un soin, une prudence, une logique que nous devons admirer ?

Établirons-nous un parallèle entre notre outillage industriel si défectueux, si timide et l'outillage si puissant, si redouté, si redoutable de nos divers concurrents, nos supérieurs, nos maîtres en toutes choses, sauf dans l'art criminel d'organiser des émeutes, d'incendier des villes, d'assassiner les innocents ?

Nos chemins de fer sont-ils plus nombreux, mieux agencés, nos tarifs sont-ils plus modérés que les chemins de fer et les tarifs des nations imbéciles qui professent une sainte horreur pour le désordre, la République et les Républicains ?

Tous les hommes qui ont voyagé connaissent même sous ce rapport notre douloureuse infériorité. Ils savent également que nos voisins diminuent leur dette, réduisent leurs impôts, pendant que ceux du *Peuple le plus spirituel de la terre*, prennent des proportions démocratiques, c'est-à-dire monstrueuses.

Sommes-nous seulement de mœurs plus douces, vivons-nous d'une manière plus fraternelle, montrons-nous plus de respect pour les lois, pour la vie humaine, que les peuples assez abandonnés de Dieu pour méconnaître les avantages des révolutions et refuser de se laisser dominer, gouverner, bouleverser, ruiner par les citoyens émeutiers ?

Qu'on en juge :

Dans l'espace de deux mois à peine, treize criminels sont morts sur l'échafaud ; à Chartres, à Saint-Mihiel, à Marquise, à Versailles, à Troyes, à Melun, à Charleville, à Dijon et à Aix.

Par contre, donnant la mesure de notre sagesse, de nos vertus, de nos merveilleux progrès, de notre haute civilisation, la guillotine, si active dans notre heureux et libre pays, n'a pas fonctionné une seule fois depuis le commencement de l'année, dans toute l'Europe monarchique.

Toujours les plus arriérés, les plus corrompus, les plus barbares !

Et c'est pour en arriver là que tant de sang a été répandu, que tant de ruines et de hontes ont été accumulées, pendant quatre-vingts ans de guerres civiles, qui nous vaudront devant l'histoire le nom de *Peuple insensé?*

Il y a partout des esprits maladifs, des natures inquiètes, turbulentes, des ambitieux, des pervers. Seulement, au lieu de les suivre, de les subir comme nous avec une stupide docilité, nos intelligents voisins les laissent s'agiter dans leurs brasseries, dans leurs journaux inconnus, leurs livres sans lecteurs, et Dieu sait s'ils ont à se louer de cette prudente conduite. Que serait-il, en effet, advenu de la victorieuse Allemagne, si les Allemands, déchirant l'étendard royal, chassant les Bismark, les de Molkte, avaient résolûment arboré le haillon rouge de leurs Assi, de leurs Razoua, de leurs Cluseret ? L'Allemagne, qui était en morceaux, serait aujourd'hui en poussière, abattue, déshonorée. J'en dis autant de l'Italie, qui a pu choisir entre le galant homme et Garibaldi, la Monarchie et la République, le succès, l'*unité nationale*, et la défaite, l'abaissement, l'écroulement sur toute la ligne. Et la Belgique, qui nous copie si volontiers, ne pouvait-elle, à notre exemple, vouloir vivre libre ou mourir ? Elle serait depuis longtemps libre, couchée dans son cercueil. Que resterait-il de sa prospérité, de sa richesse actuelle, si, chassant ses princes, ses hommes d'État, elle avait confié le pouvoir à ses hommes de tavernes ? Des ruines, des regrets, des orphelins, des malédictions. L'Angleterre elle-même, si heureuse, si prospère, si ferme dans sa marche, pouvait également, prise de notre vertige, vouloir mettre les lèvres à la coupe des libertés républicaines, cette coupe maudite, toujours pleine de sang et de larmes. Victoria égorgée, le prince de Galles fusillé, Londres réduit en cendres, les Anglais esclaves devenaient libres à l'instant, libres comme nous, fiers comme nous, se gorgeant de joies de toute sorte comme nous. Malheureusement notre bonheur ne semble pas les séduire ; la domination de la gracieuse reine leur paraît préférable à la domination du gracieux Vésinier, et ils s'accommodent fort bien de leurs chaînes, pendant que nous savourons les fleurs et les fruits, malsains et amers, de l'arbre républicain.

Il faut distinguer, je le sais parfaitement, entre la République fondamentale des Pyat, des Urbain, des Trinquet, des Eudes, des Babiek, que nous connaissons trop, qui reste suspendue sur nos têtes, et la République de M. Thiers, protégée par l'épée de S. E. M. le maréchal de Mac-Mahon, duc de Magenta, par le sabre de M. le général de Lamirault, la résolution de M. le général comte de Geslin, le concours rassurant de MM. le premier président Devienne ; le procureur général Renouard ; les conseillers Falconnet, Laborie ; les présidents de chambre de Raynal, Faustin Hélie ; le premier président Gilardin ; les avocats généraux Merveilleux-Davignaux, Aubepin ; tous les dignitaires de l'ancienne armée, toutes les supériorités de la magistrature française. Ces républicains-là, bien entendu, n'épouvantent personne, sauf peut-être les orateurs des clubs, les héros des barricades, en réalité, tout le monde le sait bien, les vrais, les seuls pères des républiques passées, présentes et futures. Mais cette république Thiers-Lamirault, momentanément en état de protéger la société, de rassurer les intérêts, peut-elle, à un titre quelconque, satisfaire les appétits, les aspirations des irréconciliables, des ardents, des fougueux, qui ont voulu la république, qui l'ont installée violemment, au péril de leur vie, alors que ni M. Thiers, ni M. le maréchal de Mac-Mahon, ni M. le premier président Devienne, ses défenseurs actuels, ne l'appelaient en aucune façon? Voyons, qui espère-t-on tromper ici? Quoi! ils auraient, les patriotes spirituels, risqué les pontons, bravé les chassepots, dans l'unique but de caser Ferry, de pourvoir Floquet, de conquérir une ambassade pour Ernest et une recette générale pour Arthur? Quant à eux, leur lot serait de suer pour la république des impôts incomparablement plus lourds que les impôts exigés par l'Empire. Et ce serait là la République? Voyez un peu ce qu'on en pense à Belleville, à la Croix-Rousse et dans l'officine du citoyen Duportal. La vraie République a vécu deux mois, du 18 mars au 27 mai, et les patriotes resteront sur la brèche, à l'affût, l'arme chargée, jusqu'au moment où une circonstance imprévue, une occasion heureuse, leur permettront de balayer ce gouvernement de bourgeois, d'avocats, de Chaudey naïfs, de Clément Thomas modérés, qui n'ont pas tous été fusillés, mais qui sont tous condamnés sans appel. Tel est le langage parfaitement clair et logique des républicains orthodoxes, qui se moquent de l'étiquette comme de leur premier verre d'absinthe, et sont tous fort en état d'apprécier l'immense différence existant entre la proie qu'on leur arrache et l'ombre qu'on leur abandonne. Ils ont rêvé une République pour eux, à leur image, selon leurs goûts. Jamais ils ne s'inclineront devant « la mascarade Versaillaise, » malgré son enseigne, qui ne leur concède que le droit de vivre en travaillant, et leur impose le devoir de filer doux devant des sergents de ville plus nombreux, mieux armés, plus résolus, pas plus républicains que ceux de Louis-Philippe et de Napoléon.

Pour les purs, les habiles, arrivés et satisfaits, sont des déserteurs, des traîtres, des parjures, tous voués au châtiment de l'avenir. Il est malheureusement certain que les soldats énergiques de Belleville, après avoir si longtemps vociféré la Marseillaise à l'unisson avec les officiers prudents du Palais de Justice, n'ont que médiocrement à se louer de leurs vieux compagnons. Ces derniers, conservateurs intraitables, cantonnés derrière les mitrailleuses de l'Empire, ne tapent-ils pas sur les frères et amis avec un entrain, un brio absolument inconnus des plus fortes poignes de l'Empire! Aussi, la scission est-elle absolue, définitive. Des abîmes infranchissables séparent l'état-major républicain qui gouverne la France des soldats républicains qui ont créé la République. Par suite, l'élément monarchique français se trouve en présence de deux groupes politiques, l'un, puissant par le nombre, la résolution, la vigueur des muscles; l'autre, composé des débris de 48, bien calmés par le temps, poussant en avant un petit bataillon d'avocats énergiquement attachés aux basques des Durier, des Ferry, des Floquet, et autres Hérisson. Notez que si le républicain Lamirault s'avisait de mettre la crosse en l'air, la grande République de la Villette dévorerait en un instant la petite république des petits avocats, des petits clercs d'huissiers, des petits bourgeois envieux, austères en paroles, voltairiens, épicuriens en actions, agitateurs inconscients, réformistes enragés, altérés des libertés nécessaires, satisfaits seulement le jour où ils supposent qu'ils tiennent définitivement le pouvoir. Vit-on jamais situation plus étrange, plus baroque, plus bouffonne? Les citoyens à qui nous devons notre adorable République contenus, repoussés, dispersés et furieux, appelant la foudre sur leur aimable enfant, pendant que les Clinchant, les du Barrail, les Aubépin, les Benoit-Champy, qui n'ont jamais eu pour l'idéal de Blanqui et de Mottu que des paroles de colère et de haine, sont obligés de protéger, de défendre le fruit du 4 septembre? C'est bouffon, je le répète, et jamais le bouffon ne fut durable. Nous sortirons donc du provisoire, plus ou moins brusquement, mais inévitablement. Notre République sans bases bien solides, puisqu'elle repose d'un côté sur Belleville, qui ne demande qu'à abréger ses jours; de l'autre sur l'École militaire, qui ne désire probablement pas les voir se prolonger outre mesure, notre république devra descendre de ses hauteurs et se fixer soit dans un camp, soit dans l'autre. Tout porte à croire que ce ne sera pas dans le camp des exaltés, attendu que les Ferry, les Simon, les Picard ne peuvent avoir d'illusions sur l'accueil qu'ils y recevraient. La France en est là.

En attendant, la République des républicains, qu'il ne faut pas confondre avec la République des monarchistes, écrasée dans la rue, se demande si l'abattement des esprits, la crédulité des campagnes, l'activité des internationaux, la lâche prudence des bourgeois, ne pourraient pas être exploités. Qui sait si le bulletin ne leur donnerait pas ce que la poudre leur a refusé ? Oui, qui le sait ? Pourquoi ne pas essayer ? Que risquons-nous ? Et l'on commence la campagne. Admettons qu'elle fût heureuse, ce qui d'ailleurs, dans notre belle France où les chances en faveur de l'absurde sont toujours plus nombreuses qu'en faveur de la raison, n'est nullement impossible. Le pays est livré par le suffrage universel à la République écarlate. Et après ? Les fous, les furieux, les imbéciles, les braillards prétentieux sont nos maîtres. Le bouleversement général est à l'ordre du jour. Le torrent populaire s'écoule avec fracas, renversant, brisant tout sur son passage. Pense-t-on que cela pourrait durer bien longtemps ? Croit-on que la France assisterait, impassible, à ses propres funérailles ? Non, certes, et la raison enchaînerait la démence. Mais quelle tempête d'abord, quels crimes, quelles douleurs ! Gambetta, dit-on, et je le crois, se mettrait en travers. Mais Gambetta n'aurait-il pas le sort de Chaudey, qui n'était, lui, qu'un sous-Gambetta, un phraseur, un endormeur, un ennemi du peuple comme le lui ont cruellement démontré de généreux patriotes ? Est-ce qu'un grain de sable pèse beaucoup devant l'ouragan ? Est-ce qu'un avocat, fût-il éloquent, est autre chose qu'un grain de sable devant la populace irresponsable, irritée, guidée par des Ferré et des Raoul Rigault ? Et c'est peut-être là ce que le suffrage universel nous prépare ! C'est là dans tous les cas ce que la vraie République espère. Elle veut gouverner et résoudre à sa manière ce qu'elle appelle le grand problème social. Mais ce problème, creusé depuis des milliers d'années, ne sera-t-il pas éternellement le même, et éternellement insoluble ? Quel Génie viendrait donc illuminer ces ténèbres, dégager la vérité de ce chaos, éteindre ces flammes, dompter ces fureurs, rendre l'ouïe à ces sourds, la lumière à ces aveugles ? N'ont-ils pas toujours voulu, ne veulent-ils pas avec plus d'acharnement que jamais la réalisation de je ne sais quelles utopies économiques, pures folies qui trouvent même dans des frères et amis — il y a des degrés dans la démence — des adversaires implacables. Proudhon, le grand Proudhon, appréciant les conceptions du tendre Louis Blanc, donne une faible idée du spectacle auquel nous ferait sûrement assister la victoire des radicaux. Divisés sur toutes les questions — on l'a bien vu pendant la Commune — ils ne s'entendent qu'en un seul point, mais ici, par exception, leur accord ne laisse rien à désirer. S'ils triomphent, l'Église française doit périr, l'armée doit disparaître, la propriété doit se transformer, et la famille clandestine doit devenir l'égale de la famille régulière. Assurément, les républicains de la nuance Chaudey-Gambetta n'en sont pas là, mais tel est le rêve de l'école autrement puissante de Félix Pyat, qui considère, dans son for intérieur, M. Gambetta comme un admirable soldat d'avant-garde, le plus brillant caporal sapeur du radicalisme. Veut-on des preuves ? Les voici et signées de la main du grand pontife :

« Le danger des républiques, c'est le soldat.

« Le soldat, comme le prêtre, est un placenta, l'enveloppe

« caduque de l'embryon populaire dans sa phase monar-
« chique. A l'âge démocratique, l'enveloppe devient l'en-
« trave. Le protecteur devient l'ennemi. Au lieu de défen-
« dre, il gêne. C'est la caste hors du droit commun et de la
« loi civile, au-dessus du peuple, comme en France et dans
« tout pays catholico-monarchique, au-dessous comme en
« Angleterre et dans tout pays constitutionnel, au dedans,
« c'est-à-dire adéquat au peuple, en démocratie seulement,
« comme aux Etats-Unis.

« Dans tout peuple jeune, l'individu est armé ; dans
« toute vieille royauté, l'individu armé devient soldat, se
« spécialise et se sépare des autres, tantôt maître et tantôt
« mercenaire et rentre, en cas de république dans le ci-
« toyen. Le Français en est là.

« Le Français entre enfin dans la dernière phase, avec le
« souvenir de toutes celles qu'il a si cruellement traversées.

« Qui a changé la première République en empire ? Le
« soldat.

« Qui a fait le 18 brumaire ? Le soldat.

« Qui nous a perdus à Waterloo ? Le soldat.

« Qui a changé la seconde République ? Le soldat.

« Qui a fait le 2 décembre ? Le soldat.

« Qui nous a perdus à Sedan ? Le soldat.

« Qui a livré Paris le 1er mars ? Qui a voulu le désarmer
« le 18 ? Qui l'assiége aujourd'hui ? Le soldat, le soldat, le
« soldat. »

Félix Pyat.

11 Mai 1871.

C'est assez clair, n'est-il pas vrai ? Ce programme n'a véritablement qu'un seul tort, le tort grave d'être inexécutable. Le soldat condamné, le prêtre voué au chassepot résisteront, et ils ont la vie dure. Ils auront longtemps encore, je le crains bien pour la République pure du citoyen Pyat, la dernière cartouche, le dernier coup de mitrailleuse, enfin, le dernier mot. L'armée, l'Église, la propriété, toujours attaquées, jamais abattues, forment un édifice solide sur lequel les dents les plus acérées, les mâchoires les plus furieuses, ne mordront pas de sitôt. Si le suffrage universel passe à l'ennemi, la France pourra souffrir beaucoup, mais il reviendra à la vérité, au bon sens, traitant en dernier lieu, comme toujours, chacun selon ses mérites. Au surplus, ce paysan, autrefois l'objet de vos plus cruels dédains, aujourd'hui l'objet de vos dangereuses caresses, qui pourrait affirmer qu'il n'échappera pas à vos piéges, à vos artifices, ô Serailler, Lemoussu et Cie ?

Vous ne le tenez pas encore; peut-être, en dépit de vos efforts, ne le tiendrez-vous jamais. Qu'un soupçon — le paysan est méfiant — pénètre à la dernière heure dans son esprit, et vous verrez l'usage qu'il fera de vos bulletins. Vous lui parlez trop de vos services, de la reconnaissance qu'il vous doit. La terre, son outil, sa liberté, il les doit uniquement à la science, aux progrès amenés par les siècles, et nullement à vos fureurs. Il y a des paysans en Belgique, en Italie, en Angleterre : ils ont aussi la terre, l'outil, la liberté, à doses plus considérables que chez nous, sans avoir eu la terreur que vous brûlez de nous rendre. Ce que le paysan vous doit, ce qui vous appartient réellement, ce sont ces levées en masse d'hommes enlevés à la charrue, arrachés à la chaumière, ces monceaux d'ossements, ces millions de cadavres semés sur toutes les routes de l'Europe. Vous avez inauguré, vous, les libérateurs du peuple, ces tueries gigantesques auprès desquelles les plus terribles batailles des temps anciens sont de simples enfantillages. J'affirme et je prouve : sous le débonnaire et malheureux Louis XVI, au moment où la Révolution éclata, sais-tu, paysan, quel était l'effectif de l'armée ? Il s'élevait à soixante mille hommes *enrôlés volontairement* à prix d'argent. Tu entends bien, soixante mille volontaires, comme aujourd'hui encore chez les Anglais monarchistes. Les libérateurs changèrent tout cela à l'instant. Plus de soldats mercenaires, mais l'égalité, la sainte égalité pour tous, la levée en masse, et ses raccoleurs qui s'appelaient St-Just, Chaumette, Barrère, Henriot, Danton, Marat ! Te voilà libre, paysan, libre de marcher, de mourir pour l'inexorable tyran en guenilles, qui doit te faire singulièrement regretter ton tyran couronné. Tu es libre, mais tu livreras des contingents qui s'élèveront parfois jusqu'à sept cent mille hommes et ne descendront jamais au-dessous de quatre cent soixante mille soldats, pendant la période révolutionnaire de 1792 à 1813. Il ne s'agit plus, on le voit, de l'armée royale, ni de ses soixante mille volontaires. Les armées étrangères avaient des effectifs proportionnés aux nôtres. De plus, la composition, l'organisation, le commandement de l'armée fédérale allemande étaient si défectueux qu'on ne pouvait pas trouver d'armées en Europe avec qui elle pût être comparée. En temps de paix, selon les ordonnances, l'empire d'Allemagne avait 40 000 hommes sous les armes, dont 12 000 de cavalerie. En cas de guerre, cette armée pouvait être doublée, mais cela n'eut jamais lieu. Les 40 000 hommes se répartissaient ainsi entre les 10 cercles de l'Empire :

Malgré des règlements précis, aucun de ces contingents n'avait ni armement ni équipement semblable. L'un dans l'autre, chacun de ces Cercles était composé de 30 États particuliers (villes, bourgs, villages, prélatures, comtés), chargés chacun pour soi de raccoler, d'armer, de payer et de soigner les soldats. Il y avait beaucoup de bataillons où ni les fusils, ni les pièces de campagne, ni la solde ni l'équipement des cavaliers n'étaient uniformes. Certains contingents mouraient quelquefois de faim, en campagne, à côté d'autres vivant dans l'abondance de toutes choses.

La mobilisation de cette armée provoquait naturellement une immense agitation dans le pays, et ne pouvait s'effectuer que lentement. On demandait des soldats de toutes parts; on complétait les contingents de toutes les façons imaginables. Beaucoup d'États intriguaient les uns contre les autres, protégeaient leurs cultivateurs, défendaient qu'on vînt enrôler chez eux. On incorporait sans distinction d'âge ni de taille, on ne refusait même ni les bossus, ni les tordus. Il suffisait de se présenter et de pouvoir tenir un fusil pour être accepté. C'était, on le voit, absolument patriarcal, tout à fait l'enfance de l'art. Le comte de Wartenberg devait 8 soldats; le comte de Crumbach en devait 12; celui de Kryberg, 16; le prince de Linange, 24, et la ville de Worms, 34. Il y avait des villes, Ulm, par exemple, où les prisons servaient à parfaire les contingents. Plusieurs compagnies étaient formées de la combinaison de plusieurs contingents; c'est ainsi que dans l'une d'elles, Gmund nommait le capitaine, Rottweil, le premier lieutenant, Rollenmunster, le second lieutenant, et Gegenbach, le cornette.

Il va de soi que des corps formés d'éléments aussi disparates ne se distinguaient pas par la subordination. La France révolutionnaire, précipitée sur l'armée allemande non préparée dut la vaincre, et c'est ce qui arriva. Il arriva aussi que cette fédération de crème fouettée, poussée par nous, succombant sous nos efforts, sortit de sa torpeur, de ses langes pour nous écraser, en 1813, sous une armée homogène, compacte, obéissante, qui eut enfin raison de notre impétuosité. C'est alors que l'Allemagne nous tint ce langage si triste pour nous: La nécessité de nous défendre, votre révolution épileptique, sanguinaire, ont fait de l'Allemagne une nation de soldats. Tous nous nous sommes levés, nous avons marché, nous vous avons vaincus. Nous vous devons notre grandeur présente et nous vous remercions.

Nous en étions là, en 1847, avec des effectifs modérés, des dépenses de guerre supportables, lorsque notre infatigable libératrice, la révolution, par un violent coup de tête, brisa le trône du meilleur des rois. Ah! réjouis-toi, rude et vaillant laboureur, obscur martyr de l'atelier, grâce à l'intelligence, au courage des émeutiers de Paris, tu vas sortir de l'âge de fer pour entrer dans l'âge d'or. Plus d'impôts écrasants, plus de militaires oisifs, ni de cour corrompue, arrogante, insatiable. Seulement, un dernier sacrifice : apporte un supplément de 45 centimes. Nous te rendrons cela avec de gros intérêts. D'abord, tu garderas ton fils. Seulement, comme il importe de républicaniser l'Europe, nous avons besoin d'une armée respectable, et tu vas envoyer tes gars au régiment. C'est dur, mais tu connais la chanson : Mourir pour la patrie, c'est le sort, etc., etc. Marche pour la République, bientôt tu marcheras pour escorter ses principaux acteurs jusqu'à Toulon, jusqu'à Cherbourg, et assister à leur départ vers d'autres rivages. La République aura vécu, nous aurons un Empereur, tout à la fois dévoué à la paix et fanatique des contingents de cent mille hommes. L'étranger, dépourvu d'illusions au sujet de la paix d'un Napoléon, ne demeurera pas en reste. Il ne veut pas risquer un nouveau 1806. Pendant que nous ferons ripaille, il fera ses préparatifs, disposé à exécuter en notre honneur, à la première occasion, bonne ou mauvaise, un nouveau et formidable Waterloo.

L'heure fatale venue, nous n'avions que quatre cent mille soldats dispersés, en congés plus ou moins renouvelables, plus cinq cent mille mobiles non instruits, non outillés, à peine commandés. Que pouvions-nous faire? Mordre la poussière, nous l'avons mordue. Sommes-nous assez éloignés des soixante mille soldats du tyran Louis XVI? Et pourtant, laboureur, ami de la paix, du soleil, des moissons plantureuses, ce n'est pas tout. Cette fois, quoi que tu dises, quoi que tu fasses, tu vas donner ton fils. Tu vendrais ton champ, la vieille maison paternelle, tes grands bœufs roux, tout serait inutile, le garçon devrait encore partir. Console-toi en pensant que tu as le bonheur de vivre sous le gouvernement inauguré le 4 septembre, l'idéal de Dombrowski, de Bonvallet, de Jules Allix, les amis, les pères du peuple et de la République. Que veux-tu, paysan, c'est là le progrès. Dévorons notre 1806 et préparons en silence notre 1870. Il arrivera, et tu pourras voir deux grandes nations armées se ruer l'une sur l'autre, décidées à vaincre ou à périr. Il y aura un vainqueur, mais un vainqueur affaibli, portant au flanc de terribles blessures. Mais par exemple, je suis libre, tu es libre, nous sommes tous libres, tandis que nous étions tous esclaves, autrefois, dans le vieux temps, lorsque l'armée allemande se composait de quarante mille gardes nationaux, l'armée royale française, de soixante mille volontaires.

Hurrah ! donc pour la révolution, ses apôtres, ses bienfaits, et anathème sur les tyrans Louis XVI, Charles X, Louis-Philippe, de même que sur les contingents ridicules de soixante mille soldats. Les Anglais, ces barbares, en sont encore là. Rien que des volontaires dans leurs régiments, et en nombre tel que leur armée entière semblerait à peine suffisante, à Paris, pour empêcher la République du citoyen Billioray de manger la République de M. Thiers. C'est vrai, mais ils sont enchaînés et condamnés à payer la liste civile de la reine, tandis que nous ne payons que la liste civile de l'émeute, qui l'emporte malheureusement, comme poids, comme volume, sur l'ensemble de toutes les listes civiles de l'Europe. C'est égal, montrons-nous de plus en plus spirituels, multiplions les cabrioles sur notre volcan, et ne refusons pas aux amis de M. Gambetta la satisfaction qu'ils réclament : encore un essai loyal de leur doux gouvernement, une dernière et suprême orgie de liberté, d'égalité, de fraternité au plomb, au pétrole, à la poudre, avec ou sans l'agrément de M. Gambetta, dit le Jules Favre de l'avenir, ce qu'on aurait grand tort de prendre pour une injure.

Si nous ne sortons pas, une fois pour toutes, des voies de la révolution, cause de tous nos malheurs, nous faudra-t-il être les témoins impuissants du désolant spectacle auquel nous assistons depuis quelques lustres : la natalité qui diminue, la faiblesse congéniale plus fréquente chaque jour dans la classe ouvrière, le rachitisme qui encombre les hôpitaux d'enfants, le nombre toujours croissant de cas d'épilepsie congéniale ou acquise, d'idiotie et de tant d'états névropathiques divers. Puis la phthisie pulmonaire multipliant ses ravages, et l'aliénation mentale augmentant chaque année, dans une mesure que personne ne connaît au delà de nos frontières ?

Que va-t-il advenir de la France ? Va-t-elle s'abîmer, corps et biens, dans les fureurs et les flammes d'une République conforme aux vœux, aux plans de Vallès, de Pyat, de Trinquet ?

Va-t-elle, au contraire, ressusciter et entrer rayonnante, florissante, respectée, dans une période d'ordre et de paix, sous la direction éclairée, tutélaire, paternelle de ses nobles et généreux princes ? Ne sont-ils pas tous braves, ne sont-elles pas toutes chastes, dignes du grand nom qu'ils portent, seul debout aujourd'hui, dans la tempête, pour rallier les vrais Français, les hommes de cœur, qui pleurent sur les ruines de la Patrie, de sa fortune et de sa gloire ?

Espérons ! La Providence ne veut pas, ne peut pas vouloir que la France périsse à jamais dans la discorde, dans la boue, dans le sang.

Typographie Lahure, rue de Fleurus, 9, à Paris.

www.ingramcontent.com/pod-product-compliance
Lightning Source LLC
La Vergne TN
LVHW020505230826
846091LV00008BA/3358

* 9 7 8 2 0 1 1 7 6 8 1 0 0 *